# COLONISATION

ET

## MODE DE GOUVERNEMENT EN ALGÉRIE.

Imprimerie de Cosse et J. Dumaine, rue Christine, 2.

# COLONISATION

## ET

## MODE DE GOUVERNEMENT EN ALGÉRIE.

PAR M. LE GÉNÉRAL DE DIVISION

## LE PAYS DE BOURJOLLY.

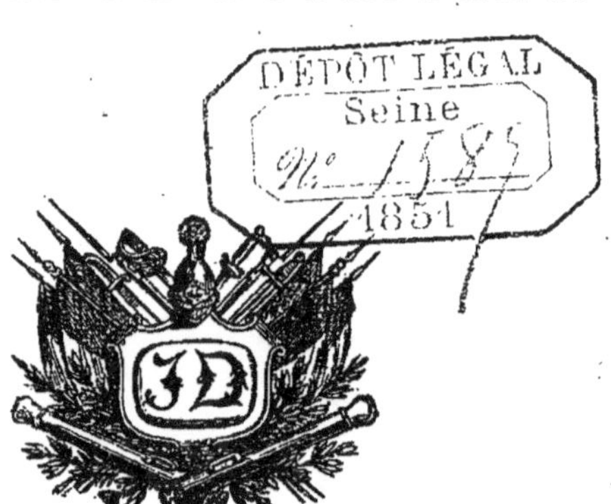



**PARIS,**

**LIBRAIRIE MILITAIRE DE J. DUMAINE,**

(ANCIENNE MAISON ANSELIN)

Rue et passage Dauphine, 30.

—

**1851.**

# COLONISATION

## ET

## MODE DE GOUVERNEMENT EN ALGÉRIE.

Mes diverses publications sur l'Algérie n'ont pas été entièrement stériles ; le Gouvernement, appréciant des conseils basés sur l'expérience et sur la connaissance du pays, a introduit dans l'administration plusieurs modifications que j'avais indiquées.

Ce résultat que je constate sans orgueil, mais avec la satisfaction d'avoir apporté ma pierre à l'édifice qui doit consolider notre colonie africaine, me détermine à reprendre la plume pour exposer encore une fois mes idées sur la position de l'Algérie, qui a changé de face par suite des circonstances et du temps.

Au point de vue politique, la question de l'Algérie est tranchée depuis longtemps. Depuis vingt ans, en effet, le fait a prêté toute sa force au droit. Depuis vingt ans le passé a engagé l'avenir, la discussion générale est close : reste le mode d'occupation le plus avantageux.

Cette question se divise en deux principales : le mode de colonisation, le mode de gouvernement.

Comprenant l'opportunité et la gravité de la situation, le pouvoir, avec une sollicitude qui l'honore, se livre activement aux travaux que cette situation commande.

Un décret du 2 août a nommé un comité consultatif de l'Algérie, chargé de discuter les projets de loi, décrets et règlements généraux qu'elle réclame, et dont l'Assemblée législative va être incessamment saisie.

Je n'ai pas la prétention de faire une œuvre aussi approfondie que celle qui sortira des mains des hommes de talent qui composent ce comité.

Ma seule ambition est de consigner ici les idées qu'une pratique et une expérience de vingt ans, et les divers commandements qui m'ont été confiés, m'ont permis d'acquérir sur les hommes et les choses de ce pays.

J'ai déjà effleuré la question de la colonisation dans les diverses brochures que j'ai publiées. J'ai examiné les différents modes proposés, et dans le principe je les ai admis et encouragés tous, à titre d'essais.

Il y a si souvent, au fond même des plans en apparence les moins réalisables, une pensée qui échappe aux esprits vulgaires, et que les esprits habiles savent féconder, qu'il était sage de n'en repousser aucun au début, sauf à se réserver de choisir plus tard.

« Qu'on essaie tous les systèmes, disais-je, ce sont autant d'Européens implantés sur le sol de l'Afrique, autant d'intérêts créés, autant de défenseurs nés de ce sol qui avec le temps deviendra français. »

Mais, tout en leur ouvrant un vaste champ, je rappelais cet axiome : *Les bras suivent les capitaux.* Et j'engageais le Gouvernement à donner une impulsion qu'il devait trouver dans ses vastes moyens. Cette impulsion, je la désirais soutenue et intelligente, et révélant ce que j'avais vu moi-même, en fait de colonisation, je démontrais les inconvénients des errements suivis jusque-là.

Depuis l'époque où j'écrivais, de nouveaux essais ont été tentés; mais, calqués malheureusement presque tous sur ceux dont on avait déjà signalé les inconvénients, ils ont échoué comme les premiers, et le Gouvernement a renoncé, quant à présent, à persévérer dans cette voie.

Pour mieux nous rendre compte de la situation, nous allons jeter un rapide coup-d'œil en arrière et chercher, dans l'expérience du passé, les fautes commises et les succès obtenus, afin d'éviter les unes et de marcher dans la voie des autres.

L'incertitude qui a existé dans les premiers temps sur l'occupation définitive et permanente de nos possessions d'Afrique a nui, pendant de

1.

longues années, à leur développement. Le Gouvernement avait beau proclamer à la tribune *que la France avait conquis Alger, et qu'elle garderait sa conquête :* on n'en persistait pas moins à croire que la question n'était pas bien nette entre plusieurs cabinets européens, et cet état de choses perpétuait un malaise facile à comprendre. Une insurrection éclatait-elle dans le pays, à l'instant même, on y envoyait des renforts de cavalerie et d'infanterie ; mais plus on faisait marcher de baïonnettes pour vaincre, moins on paraissait avoir de confiance dans la pensée qui commandait des sacrifices plus propres peut-être à fatiguer la France qu'à lui créer, en Algérie, des intérêts qui pussent un jour s'y défendre seuls.

On s'étonnera donc peu qu'en présence de ce sentiment de défiance et d'inquiétude, aucune entreprise sérieuse n'ait été tentée, et que le capital, peureux de sa nature, ne se soit pas jeté dans des spéculations que l'avenir ne garantissait pas suffisamment.

Ce ne fut que lorsque ces incertitudes eurent cessé, qu'une politique, plus tranchée à mesure que l'opinion devenait plus favorable à la conquête, eut fait de l'Afrique une question à la fois d'honneur national et d'intérêt public, qu'on s'occupa de la colonisation.

Le capital sembla alors vouloir se hasarder sur la terre d'Afrique, et les bras à sa suite. Mais, au lieu d'hommes sérieux qui, sans négliger leurs intérêts, devaient songer à une colonisation réelle, il n'apparut, pour la plupart, que des spéculateurs de terrains qui réalisèrent des bénéfices ou essuyèrent des pertes sans que cela profitât en rien au fond de la question. Les bras abandonnèrent bientôt la culture particulière, et le Gouvernement, au lieu d'encourager ou de diriger, se substitua imprudemment au capital, en appelant à lui les colons.

Dès lors plusieurs modes furent tentés; des colons furent envoyés en Algérie aux frais de l'Etat, des concessions de terrains furent faites à ceux qui voulaient entreprendre la grande culture. Je ne reviendrai pas sur les déceptions de cette époque; je me bornerai à dire que la plupart de ces essais demeurèrent sans résultats et coûtèrent fort cher au trésor. Pourquoi? La réponse est simple.

Deux éléments sont indispensables pour la colonisation. Le premier consiste *à n'admettre comme colons que de véritables cultivateurs, à l'exclusion de tous autres ;* le second *à choisir d'une manière intelligente le point sur lequel on doit les établir.*

Ces deux éléments ont presque toujours manqué.

On improvisa cultivateurs des gens qui n'avaient jamais rien cultivé, impropres, par les habitudes de toute leur vie, à ce genre de travail, et s'y livrant d'autant moins qu'ils étaient assurés de vivre pendant trois ans avec la ration du soldat qu'on leur accordait; idée fausse, idée funeste, puisqu'elle créait en quelque sorte une prime à l'ignorance ou à l'oisiveté !

Déjà, dans une de mes publications, je suis entré dans beaucoup de détails sous ce rapport; j'ai fidèlement rapporté ce que j'avais vu et recueilli sur les lieux; je n'y reviendrai donc pas ici. J'avais établi le bilan de ces colons, qui se montait alors à 7,000 fr. par tête, et j'annonçais qu'il s'élèverait dans l'avenir au chiffre énorme de 10,000 francs, sans amener de résultats. Ma prédiction s'est fatalement accomplie. Il n'est pas aujourd'hui une de ces familles qui n'ait coûté cette somme à l'Etat. Quel avantage le pays en a-t-il retiré? Aucun; la plupart des terres sont restées en friche, la plupart des maisons de ces villages improvisés sont désertes et tombent en ruines.

Je ne m'étendrai pas davantage sur ce point; ce serait répéter ce que j'ai déjà dit ailleurs avec plus de développement, mais je traiterai le second élément de colonisation avec plus de détail, parce que des documents précieux et inédits donneront de l'autorité à mes paroles.

J'ai dit que ce second élément consistait dans le choix intelligent des points sur lesquels on devait établir les colons. Pour le démontrer, je vais citer les principaux villages de la colonisation dans toute l'étendue de l'Algérie, leur situation, leur prospérité ou leur décadence; ce seront là mes meilleures preuves.

Pour être plus clair, je diviserai ce travail par

provinces, et je commencerai par celle d'Alger.

Et d'abord, à titre d'observation générale applicable à l'Algérie tout entière, je rappellerai que le caractère français, impatient dans ses projets et dédaigneux du temps, procéda immédiatement à la création des centres de population, avec des fontaines, des presbytères, des églises, des écoles, etc., oubliant ainsi que les intérêts ne s'improvisent pas comme les centres de population.

Les intérêts se créent d'eux-mêmes par les besoins d'un pays, par ses ressources, par des échanges, et quand ils existent, les populations abondent. Chaque chose a ses circonstances propres, et en tout il faut faire la part du temps.

Depuis ma brochure de 1845, dans laquelle je demandais que les points militaires fussent choisis ailleurs que sur le littoral, et que les troupes fussent placées à l'intérieur pour mieux dominer le pays, on a établi plusieurs subdivisions sur les points que j'avais indiqués, et telle est maintenant la physionomie du pays pour les centres de population semés d'une manière plus ou moins favorable et intelligente sur la surface du territoire.

Ce préambule était nécessaire pour mieux expliquer les causes de la décadence ou de la prospérité des villages, selon l'inégalité de leurs positions.

Le conseil que je donnais, de porter ces subdivisions à l'intérieur, devait avoir une immense influence sur la colonisation.

En effet, les centres militaires créés autour

d'Alger, à Aumale, Medeah, Milianah et Blidah, ont attiré les populations. Ils se sont reliés naturellement par des communications sur lesquelles les villages ont pu surgir.

Ainsi Dely-Ibrahim, sur la route d'Alger à Blidah, dans le principe encouragé par le Gouvernement, mais négligé par la suite, s'est pour ainsi dire fondé lui-même. Malgré le défaut d'abondance d'eau, il a réussi parce que sa situation, parce que ses conditions étaient bonnes, et il a réussi sans presque rien coûter à l'Etat.

Douéra, situé sur l'ancienne route d'Alger à Blidah, a eu des commencements heureux, et il ne doit sa décroissance qu'au tracé de la nouvelle route d'Alger par la plaine.

Chéragas et Drariah sont en bon état.

A côté de ces centres de population que nous venons de citer, il en est d'autres dont l'emplacement a été mal choisi, et qui, malgré beaucoup de frais, sont encore loin d'être dans un état de prospérité.

Ainsi le Fondouk, que l'importance de sa position stratégique avait désigné pour en faire un centre de population, situé à l'extrémité orientale de la Mitidja, est entièrement éloigné de toute grande communication, et son territoire est en outre insalubre.

Zéradla est de même assis sur une terre malsaine, ingrate, d'un défrichement difficile : pourquoi en avoir fait un centre de population?

Fouka, autre village commencé à grands frais,

est aujourd'hui dans la plus grande détresse, et les renseignements recueillis de toute part en attribuent la cause au personnel des colons malheureusement choisis.

Ténez, qui, au début, avait attiré par ses garnisons une population, persuadé qu'il trouverait l'abondance à la suite de nos soldats, est dans une situation d'infériorité dont il ne se relèvera pas de longtemps.

On l'a sacrifié à Orléansville, qui lui-même ne pourra jamais acquérir un grand développement. Le sol y est mauvais, le climat insalubre, et rien ne justifie cette création si coûteuse, et où nous avons perdu beaucoup de monde.

En fait, on reconnaît que les centres qui ont le plus prospéré sont ceux qui, placés comme points intermédiaires entre deux localités importantes, devenaient un lieu de passage nécessaire et favorable à la multiplication des intérêts. Tous les autres ont échoué, parcequ'ils ne se trouvaient pas dans des conditions analogues.

Il en est cependant quelques-uns auxquels l'avenir promet une grande prospérité, et qui en attendant luttent d'efforts, protégés par cette espérance, et placés qu'ils sont, quant à présent, dans une position supportable.

Parmi ceux-ci, nous citerons Shcherchell qui n'a aucune communication par terre avec Alger, mais qui en possède par mer. Aussi, les cultures y grandissent et la colonisation s'y développe, dans l'attente des communications par terre, qu'on lui ouvrira tôt ou tard, et qui en feront un des points les plus florissants.

J'arrête ici mes citations sur la province d'Alger pour ne pas fatiguer l'attention, en désignant beaucoup de villages qui ne sont pas dans un état de prospérité qui réponde aux sacrifices qu'ils ont exigés, et je passe à la province d'Oran.

Dans cette province, Mascara, chef-lieu de subdivision, a pu grouper autour de ses murs une certaine population. Mascara est favorisé par la culture de la vigne, qui donne un vin assez estimé et offre, par conséquent, des chances avantageuses aux colons.

Valmy se livre davantage à la culture des céréales ; mais je persiste à croire que l'adoption de cette culture doit amener plus tard de grands mécomptes ; il serait plus profitable de se livrer à des cultures spéciales.

Après cela, comme dans la province d'Alger, à côté de certains points dont l'état est satisfaisant, nous en rencontrons d'autres dont la situation est déplorable.

Mizerghin, Arcole, la Stidia, Saint-Denis, Dusig, Nemours même, sont dans un état de marasme vraiment affligeant. Leur décadence provient de leur isolement et du mauvais choix de leur emplacement. Et pourtant de quelles énormes dépenses n'ont-ils pas été l'objet ?

Je ne parle pas des centres de population du littoral : il est clair que leur situation favorable est tout à fait exceptionnelle et qu'elle ne permet pas de les confondre avec ceux de l'intérieur.

J'en dis autant de la province de Constantine qui, comparée aux provinces d'Oran et d'Alger, a pu se développer avec d'autant plus de facilité, que les expéditions étaient moins nécessaires dans un pays dont l'esprit est généralement pacifique.

Bougie, située sur le littoral, et dont les relations avec l'intérieur ne font que commencer, grandit peu à peu, et, certainement, la route qui va à Sétif y créera, avant peu, un commerce important.

Vallée a réussi, parce qu'on s'y livre spécialement à la culture du coton et du tabac, bien qu'on y récolte un peu de blé et de foin.

Guelma, qui tire son nom d'une ancienne cité très-florissante à l'époque de la domination romaine, ne peut que devenir, avec le temps, un point capital. Placé entre Bône et Constantine, entre la mer et la plus importante ville de la province, destiné à relier les deux, Guelma n'a point été jeté là au hasard, et sa position répond de son avenir.

Mais encore, à côté de ces localités en voie de progrès, il en est d'autres en pleine décadence par suite des fautes qu'on y a commises.

La Calle manque entièrement de terres arables, et la colonisation ne peut s'étendre que par l'exploitation des vastes forêts qui l'entourent, pour lesquelles rien n'a été, ni prévu, ni préparé.

El-Arrouch a eu longtemps une population

misérable. Malgré cette cause d'insuccès pourtant, ce village finira par prospérer, parce qu'il est sur la route de Philippeville à Constantine.

Saint-Charles, peuplé de colons entretenus à grands frais, n'a produit que des cabaretiers, mais il est vrai qu'aucun des colons qu'on y a expédiés n'avait la plus petite notion d'agriculture.

Bugeaud est composé de familles beaucoup trop pauvres pour s'installer et se créer des habitations; on va en construire encore aux frais de l'Etat, mais ces abris, quels qu'ils soient, n'engendreront pas des colons sérieux.

Je m'arrête encore dans ces citations que je pourrais multiplier à l'infini, et je demande s'il ne résulte pas du rapide tableau que je viens de tracer deux faits d'une haute importance.

Le premier, c'est que la colonisation est possible, puisqu'elle est devenue florissante dans certains lieux.

Le second, c'est que la cause de l'insuccès ou de la ruine tient essentiellement au personnel des colons et au choix des emplacements.

La possibilité de la colonisation étant donc aujourd'hui démontrée, il ne reste plus qu'à profiter des avantages pour les accroître, et des fautes pour les éviter.

Or, ainsi qu'on vient de le voir, plusieurs villages dépérissent par l'ineptie, la paresse et l'ignorance des colons.

D'autres, par leur isolement, par le mauvais

choix du terrain, par l'absence de communications.

Les villages qui ont réussi sont ceux qu'ont
fait choisir une position bien entendue des communications faciles, des débouchés nouveaux,
des ressources locales utilisées.

J'en étais là de mon travail lorsque m'est par-
venu *le projet de loi sur la colonisation de l'Algérie,
adopté par le comité consultatif.*

Je me suis empressé d'en prendre connaissance,
et j'ai été à même de constater que plusieurs
de mes observations y avaient trouvé place ; j'ai
vu avec bonheur que plusieurs de mes principes
avaient été adoptés.

Ainsi, dans le rapport du comité, je trouve, à
l'article *fautes commises*, le passage suivant, par-
faitement conforme avec ce que je n'ai cessé d'é-
crire :

« On a manqué de prévoyance et de persévé-
« rance. Il n'y a pas eu d'impulsion unitaire im-
« primée, reçue, continuée peudant un espace de
« temps suffisant. On a, selon l'esprit du moment,
« selon le système du gouverneur général ou du
« ministre, appelé des capitalistes sur le terrain,
« puis les travailleurs ; on les a placés trop loin
« les uns des autres ; on les a jetés dans un milieu
« qui n'était pas suffisamment préparé à les re-
« cevoir, où, tantôt la salubrité, tantôt les moyens
« de communication manquaient ; on les a aban-
« donnés à eux-mêmes, les capitalistes dès le
« début, les ouvriers au bout d'un petit nombre

« d'années ; et alors les capitalistes, écrasés par
« le prix de la main d'œuvre, se sont trouvés rui-
« nés ; les ouvriers dépourvus de moyens d'instal-
« lation, ni ressources propres, ni salaires, ont
« végété. Puis enfin, un jour est venu où l'admi-
« nistration, sous le coup des nécessités politi-
« ques, recevant des bras et cinquante millions à
« dépenser en Algérie, au lieu de faire, avec cet
« argent et ces bras, des routes et des travaux
« publics, au lieu de concentrer au moins la po-
« pulation qu'on lui envoyait, dans la Mitidja,
« par exemple, a eu la malheureuse pensée de
« faire de la colonisation aux frais du trésor, et
« d'en faire partout à la fois ; de transporter à ses
« frais les colons, de défricher à ses frais la terre,
« de construire à ses frais les maisons, de nour-
« rir des individus, d'acheter leur récolte, d'in-
« tervenir enfin directement en tout. Cette rui-
« neuse chimère a coûté plus de 8,000 francs par
« famille, et qu'a-t-elle produit ? Rien, si ce n'est
« un peu plus de découragement dans la colo-
« nie. »

J'écrivais encore en 1849 :

« La plaine de la Mitidja, cette plaine si fertile,
« si couverte de magnifiques moissons, au mo-
« ment de la prise de possession du pays, à la
« porte d'Alger, et attenant au Sahel, est aujour-
« jourd'hui inculte aux trois quarts. N'était-il pas
« par conséquent logique de l'occuper, de la met-
« tre en culture, d'y établir des colons avant de
« les envoyer tous à 40 lieues d'Alger ? C'était sans

« doute l'intention de l'autorité militaire, mais
« elle a été paralysée par les actes de concession
« de ces terres, et les propriétaires n'ont pas été
« expropriés comme les Arabes, et pourtant, ils
« auraient pu, ils auraient même dû l'être ; car les
« lois et ordonnances, dans le cahier des charges
« pour les concessions faites, imposent au Gou-
« vernement l'obligation du retrait des terres
« concédées, dans le délai d'un an, si ces terres
« sont restées incultes. Cette mesure eût été aussi
« juste que salutaire, mais on s'est arrêté devant
« la question de personne, et au risque de blesser
« les Arabes, de compromettre la colonisation, on
« a préféré accorder cet avantage aux concession-
« naires, d'attendre la plus-value de leurs terres
« sans dépenses et sans travail. »

Cette injustice, et les inconvénients qui en dé-
coulent, et que je signalais il y deux ans avec
tant de force, ont frappé sans doute le comité consultatif, car son rapport contient aussi ce passage :

« Nous avons dit, au début de ce rapport, que la
« colonisation devait partir du littoral, s'avancer
« graduellement dans l'intérieur des terres, et
« marcher agglomérée; mais le sol, dans le voisi-
« nage de la mer, a été acheté après la conquête.
« Il est détenu par des propriétaires qui généra-
« lement ne le cultivent pas, se croisent les bras,
« attendent et regardent faire. Quelle en est la
« conséquence ? C'est que nos établissements co-
« loniaux sont forcément rejetés au loin ; que le

« succès des exploitations est par cela même
« compromis, rendu douteux : or, on ne peut, de
« gaîté de cœur, placer de véritables travailleurs
« dans des conditions ruineuses, séparés des villes
« et des ports par de vastes espaces en friche, le
« tout parce qu'il conviendra à des spéculateurs
« de s'abstenir. Non. Partout où le travail est
« possible, on est en droit de l'exiger, lorsque
« l'inculture du sol est un obstacle réel à la fon-
« dation, dans de bonnes conditions, des fermes
« et villages agricoles ; lorsque ces fondations
« sont nécessaires ; lorsque tous les efforts du
« Gouvernement pour peupler l'Algérie sont frap-
« pés de stérilité par les calculs de quelques in-
« dividus comprenant bien ou mal leurs intérêts,
« on ne saurait être tenu de les respecter. L'incul-
« ture, que l'on y songe bien, c'est une question
« de vie ou de mort. On ne transige pas avec les
« nécessités. Que l'on trace donc d'une main
« hardie les premiers périmètres de la colonisa-
« tion dans la Mitidja et le Sahel ; que l'on y fasse
« des travaux de routes et de défrichements né-
« cessaires, puis que l'on force tout le monde à
« cultiver ou à laisser cultiver. »

Je ne m'appesantis pas davantage sur mes premières idées, puisque le comité leur a donné une
vie nouvelle ; je me borne à faire remarquer que
les considérations qui ont guidé ma plume se
retrouvent sous celle du comité, qu'il reconnaît
les mêmes maux que moi, et qu'il en cherche
comme moi le remède.

Nous sommes encore du même avis sur la nature de ce remède, qu'il applique au choix des terrains et au personnel des colons, mais nous différons sur les premiers moyens d'exécution pour un point que je trouve d'une grande importance.

Voici le système adopté par le projet de loi qui fait suite au rapport. Il dispose sagement l'emplàcement de la colonisation en déterminant les périmètres convenablement situés dans les conditions de salubrité, de sécurité, de communications et de débouchés ; il rend protecteur et gardien de cette colonisation le Gouvernement, qui vend ou concède des terres aux colons qui lui présentent le plus de garanties, avec l'obligation de la culture.

Ces mesures sont excellentes pour choisir les colons avec connaissance de cause et fixer l'emplacement de la colonisation d'une manière salutaire. Elles sont excellentes pour régler cette colonisation une fois établie et la faire prospérer ; mais je me demande si elles sont suffisantes pour la commencer et la bien établir.

Je me demande s'il suffit de déterminer le périmètre pour que les colons arrivent, les uns avec des capitaux afin d'acheter des terres de grande culture ; les autres avec leurs bras et le petit pécule destiné à faire face aux dépenses de la petite culture ; tous enfin avec un capital quelconque.

Le apitaux, s'il y en a, ne viendront-ils pas avec l'idée commerciale qui substitue tôt ou tard la spéculation à la colonisation et l'anéantit ? Les petits colons qui n'auront plus, comme naguère, des instruments, des bestiaux, les mille avantages que leur faisait l'Etat, n'arriveront-ils pas en moins grand nombre et ne viendront-ils pas, en enfants perdus, sacrifier une dernière somme, non à la volonté de coloniser d'une manière sérieuse, mais à la folle ambition de faire une fortune rapide ?

Les vrais cultivateurs qui posséderont quelque argent aimeront peut-être mieux l'employer à acheter, fût-ce le plus petit coin de terre dans la mère-patrie, y louer des fermes, contracter des baux, que de se lancer au hasard sur une terre inculte, dont l'aspect seul leur présentera tant de labeur avant qu'ils en puissent retirer le moindre fruit. L'appât de la possession au bout de quelques années, très justement stipulé par le comité, après une maison bâtie, après les sommes de cent francs par hectares jetées à la terre, ne sera peut-être pas assez attrayant pour les engager à braver les difficultés sans nombre qui s'élèveront. Dans le principe et si quelques-uns se décident, malgré la sollicitude de la commission qui doit peser leurs titres, malgré l'ardeur qui les animera sans doute, n'est-il pas à craindre qu'ils ne succombent pour la plupart sous le poids de ces durs travaux du défrichement exécutés sous un climat de feu, qu'ils ne se découragent, qu'ils n'abandonnent la partie ou ne se fassent déposséder, et qu'enfin nous revenions à cette débâcle coloniale dont nous venons d'être les témoins?

Tout cela est possible, on en conviendra, tout cela est même probable, malgré les bonnes et intelligentes intentions qui ont dicté le projet de loi ; car, si on y réfléchit, les avantages qu'il offre aux capitaux contiennent juste ce qu'il faut pour la spéculation, et non pour l'industrie ; mais, en ce qui concerne les colons rattachés à la petite culture (et ce sera évidemment toujours le plus grand nombre), ces avantages ne sont pas suffisants.

Mais le comité consultatif lui-même a dû être préoccupé de tous les inconvénients que je viens de signaler, car, dans son rapport, il promet plus qu'il ne tient dans son projet de loi.

Je lis, en effet, pag. 41 : « Il ne suffit pas de tracer des triangles sur le terrain, de donner des concessions à des individus, ou à des groupes d'individus, en présence de populations hostiles. Le rôle de l'État ne peut malheureusement être aussi simple ni aussi facile. La colonisation, pour prospérer, réclame sa sollicitude et ses soins; *avant l'aliénation du sol, il faut préparer les voies, exécuter des travaux; après l'aliénation du sol, il faut encourager, soutenir, éclairer, être là, toujours là.* »

Voilà le principe posé; principe que j'adopte pleinement et pour lequel je cherche en vain le moyen d'exécution dans le projet de loi.

En effet, *s'il ne suffit pas de donner des concessions à des individus en présence de populations hostiles, s'il faut, avant l'aliénation du sol, préparer*

2.

*les voies, exécuter des travaux,* comment ces voies sont-elles préparées, par qui sont exécutés ces travaux? et puis quelles sont ces voies, quels sont ces travaux déclarés nécessaires?

Je ne vois, pour attirer les colons et leur livrer les terres, que la désignation des périmètres et les travaux d'utilité publique exécutés à mesure des besoins, comme l'a posé très-sagement le comité consultatif (ce qui sans doute est immense), mais alors j'en reviens au raisonnement que j'ai fait pour la difficulté d'avoir des colons sérieux.

Et cependant, par le fond même du principe posé dans le rapport, il y a intention de mieux faire, et il existe une lacune dans les moyens d'exécution de ces premiers travaux dont on a oublié le plus essentiel, le défrichement des terres.

Donnez aux colons des terres défrichées au lieu de leur en donner d'incultes, et rien de ce que j'ai fait craindre n'est plus à redouter.

Dès ce jour, le colon accourra avec empressement, car tout l'attirera sur ce sol déjà fertile.

Ces premiers travaux de défrichement, les plus rudes, les plus pénibles, sont surtout devenus la source de l'insuccès de la colonisation.

Parmi les colons qui sont allés en Afrique, il faut le reconnaître, il y en a eu aussi de sincères et de sérieux qui, découragés par le travail du défrichement et de la mise en culture, ont abandonné leur œuvre. D'autres ont eu de la peine à s'acclimater, et sont morts ou rentrés misérables

en France. Le défrichement des terres, avant de
les livrer aux colons, prévient tous ces malheurs.

Le colon, en arrivant, obtiendra un sol prêt à
recevoir la semence, le terrain aura été assaini,
le travail n'offrira plus de ces difficultés qui épou-
vantent, et le rapprochement des efforts et du succès, en éloignant la crainte et la gêne, rendra moins
pénible et plus fructueux les sacrifices qui reste-
ront à faire.

L'esprit français est à la fois aventureux et timide : aventureux, quand il s'agit de gloire, de
voyages, de découvertes scientifiques ; timide, dès
qu'il faut risquer sa fortune ou une partie de ses
capitaux.

Si, dès le début de l'entreprise, il n'entrevoit pas
des résultats, s'il faut donner beaucoup au hasard,
au temps surtout, le dégoût prend bientôt la place
de l'engouement, et les efforts tentés pour accroître
le mouvement de l'industrie des émigrants sont en
pure perte.

En Algérie, il est sensible que si les terres ont été
préparées, que si le succès frappe les regards, les
capitaux afflueront, et que même les petits colons,
ceux qui ne possèdent qu'un mince pécule, le ris-
queront la veille, quand ils seront assurés du lendemain. De cette manière la culture sérieuse aura
bientôt fait des pas de géant.

L'État, en outre, disposera d'autant mieux du
personnel des colons, qu'il lui sera loisible de se
montrer plus exigeant en ce qui touche les conditions de préférence et d'admission ; offrant plus, il

pourra imposer davantage ; il pourra alors parler de concéder ou de vendre à titre onéreux, car l'or du capitaliste, comme l'argent du petit colon, achètera quelque chose, et c'est dans cette dernière hypothèse que je trouve les moyens d'exécuter le défrichement des terres, sans grever le trésor et sans imposer de trop grands sacrifices aux colons.

Avant de concéder ou d'aliéner les terres, l'Etat les ferait donc défricher à ses frais; pour cela, je propose deux moyens :

Le soldat de bonne volonté, et l'ouvrier civil embrigadé par le génie, ainsi que cela se fait pour les ouvrages de terrassement et à la tâche.

Les soldats ont été déjà employés à ce travail en Algérie. Dans le principe, des terres ont été défrichées sur le littoral, et ce sont celles qui, livrées aujourd'hui aux colons, ont commencé la colonisation.

Moi-même, toujours sous le poids de cette idée que l'armée devait se suffire, j'ai occupé le soldat à la culture de la terre, notamment à Mostaganem, dans les plaines de la Mina, au Haras, aux postes de Khamis et de Bel-Assel, et j'ai obtenu des résultats dont j'ai publié le détail. Ces résultats n'étaient pas sans importance pour le trésor et pour l'amélioration de l'ordinaire du soldat lui-même.

Rien ne s'oppose donc à ce qu'on emploie le soldat de bonne volonté au défrichement des terres, auxquelles il concourra comme il le fait aux travaux du génie; et si l'on manifestait quelques craintes à cet égard, j'y répondrais victo-

rieusement par l'opinion de notre plus grande
illustration militaire qui, dans un travail dont
je parlerai tout à l'heure et que le comité consultatif a reproduit, s'exprime ainsi :

« En Afrique, l'armée ne se bat pas toujours
et partout : elle ne se bat même qu'exception-
nellement et dans de rares circonstances. Le soldat français, éloigné de son pays, sous d'autres
climats, a besoin, quand il ne se bat pas, d'être
occupé. Sans cela, l'ennui, la nostalgie le prend. »

Ce travail du maréchal Soult donne une nouvelle autorité au système que je propose.

Le maréchal voulait qu'on choisît autour de
chaque camp, de chaque poste, un terrain propre
à la culture ; que l'on engageât les hommes de
bonne volonté à le cultiver, sans y forcer personne ; que ces hommes, continuant à être logés,
nourris, entretenus à leurs corps, fussent consi-
dérés comme détachés en subsistance et eussent
une part des produits récoltés, afin que ces terres
fussent destinées aux soldats libérés.

Ce que le maréchal croyait possible pour tout
un système de culture le devient à plus forte
raison pour le simple défrichement, sans nuire
à l'ordre, à la discipline de l'armée, sans fatiguer
le soldat, qui, du reste, n'y serait pas astreint.

Mais les quelques lignes que j'ai citées plus
haut, d'un homme qui connaît et apprécie d'une
manière si intelligente nos armées, prouvent que
le soldat lui-même recherchera souvent ce travail pour échapper à l'ennui et à la nostalgie.

Ainsi, sous ce rapport, pas de craintes, les bras ne manqueront pas.

Il serait pourtant imprudent de livrer des travaux aussi importants et qui demandent une si grande rapidité à l'arbitraire de la volonté des soldats qui, malgré leur bon vouloir, pourraient ne pas être en nombre suffisant. C'est par ces motifs que je demande l'adjonction d'ouvriers civils.

Je demande qu'ils soient placés sous le régime de l'autorité militaire, parce que cette autorité, avec ses formes nettes et positives, avec son admirable discipline, atteint plus sûrement et plus vite le but que l'autorité civile. L'ordre, la promptitude, l'ensemble, qui président aux opérations de cette masse disciplinée, peuvent seuls amener les résultats prompts et importants que la situation commande.

L'expérience des temps passés et présents pour les travaux exécutés sur la terre d'Afrique en est une preuve qui se renouvelle encore tous les jours. J'en pourrais citer des exemples, s'il en était besoin.

Le système du maréchal Soult, qui rentre tout à fait dans celui qui nous occupe quant aux travaux, a été pratiqué en partie par M. le général Bedeau, et ce général écrivait à la date du 4 octobre 1845 : « L'opération a réussi dans tous les lieux où le contrôle de l'autorité régimentaire a été actif et intelligent. »

Il est évident que, si la mesure que je propose

était adoptée, la chose serait assez sérieuse pour que le contrôle de l'autorité régimentaire fût toujours actif et intelligent.

Des trappistes sont venus s'établir en Afrique; ils obéissent à une seule autorité et se rapprochent de l'armée par les formes de l'exécution ; aussi leur ferme de Staoueli, à 6 lieues d'Alger, est-elle un modèle de culture et d'ordre, qui prospère davantage d'année en année.

Le père Brunauld a eu l'idée bienfaisante et féconde d'ouvrir à Ben – Acknoun, près Dely-Ibrahim, une maison dans laquelle il a recueilli plus de trois cents orphelins ou enfants abandonnés qu'il a appliqués à la culture du sol. Cet établissement a admirablement réussi par les mêmes causes.

Quant au passé, si nous l'avons consulté pour les fautes commises, nous devons le consulter aussi pour les bienfaits qu'il a amenés.

Or, en remontant de plusieurs siècles à la conquête de cette même Afrique par les Romains, nous voyons ces peuples vainqueurs appliquer autour des camps ce système de colonisation qui a laissé dans l'Algérie de si larges et de si nobles traces.

Les soldats défrichaient, cultivaient eux-mêmes les terres, et lorsqu'elles étaient en état de rapport, les livraient à des colons qui venaient en prendre possession et s'y établir avec leurs esclaves.

C'est alors qu'à l'ombre de la population militaire, la population civile peuplait d'abord les

champs et plus tard les cités qui naissaient naturellement de l'agglomération des intérêts et des
hommes.

Je ne parle pas d'imposer obligatoirement des
travaux à l'armée, mais par tous les exemples,
par tous les motifs que je viens de donner, et qui
prouvent l'efficacité de ce système, qui tient plus
au mode qu'aux exécutants, je demande que des
ouvriers civils fassent ces travaux sous le contrôle
de l'autorité militaire, soit qu'ils se mêlent aux
soldats, soit qu'ils travaillent séparément quand
les circonstances l'exigent.

Dès lors, sous cette autorité, soldats et ouvriers
défricheront les terres comme ils feraient le service militaire.

Là plus de maladies à craindre comme chez les
colons ; les uns sont acclimatés, les autres le seront dans peu.

Pas de découragement à redouter, ils ne sont
responsables de rien, ils obéissent.

Pas de gêne, pas de misère ; les uns ont le pain
et la solde, les autres leur paie.

Soldats et ouvriers défricheront les terres avec
d'autant plus de patience et de résignation qu'ils
n'en attendront pas le produit pour vivre.

Mais j'ai parlé d'augmentation de solde pour
les soldats et de paie pour les ouvriers, et cette
question effraie peut-être déjà pour le trésor.

Qu'on me permette cependant de ne traiter que
celle des ouvriers. On comprendra facilement que
la faible augmentation de solde pour le soldat telle

qu'elle est payée par les travaux du génie ne peut figurer ici d'une manière sérieuse, surtout après le recouvrement que je vais proposer par l'Etat.

Les ouvriers seuls doivent nous occuper.

Quant à eux, il y aurait plusieurs systèmes économiques pour la nourriture, le logement, les habits, etc., si on le jugeait nécessaire : ce sont des détails dans lesquels je n'entrerai pas.

Quoi qu'il en soit, on peut calculer d'avance les dépenses que nécessiteront ces travaux et faire son budget. Ainsi l'hectare de terre, couvert de palmiers-nains, dont les racines sont si fortes et si profondes, exige un travail long et pénible. Son défrichement coûtera environ 300 fr., mais le défrichement de tout autre hectare n'en coûtera que le tiers; enfin le terrain planté d'oliviers, loin de coûter, rapportera déjà par ses fruits. Ceci est bien loin de ressembler en rien aux dépenses folles et imprévues qu'on a faites jusqu'ici pour les colons, qui venaient s'établir aux frais de l'Etat, dépenses qui ont dépassé les prévisions les plus larges.

Je le répète, le budget du défrichement peut être établi avant de commencer, et, dans le cas où les chiffres seraient grossis par des éventualités ou des imprévoyances, ce qui ne pourrait être énorme, le prix de revient des terres défrichées serait positivement connu après les travaux.

Or, c'est à ce moment surtout que l'Etat ferait la balance pour rentrer dans ses avances, ce qui lui serait très-facile.

Je l'ai déjà prouvé, l'Etat, offrant des terres défrichées, verra un plus grand nombre de colons accourir et sera plus maître des conditions qu'il voudra imposer.

Dans ces derniers il y aura deux catégories : ceux de la grande et de la petite culture.

Aux premiers, il pourra imposer des conditions qui le remboursent immédiatement de ses frais de défrichement. Ces frais auraient toujours dû être faits par les colons, et certainement ils trouveront avantage à rembourser l'Etat qui aura opéré beaucoup plus économiquement qu'ils ne l'auraient pu faire eux-mêmes, par ses systèmes et ses vastes moyens.

Aux seconds il pourra imposer dix annuités à titre de contribution, pour rentrer dans ses avances. Ces dix annuités ne pourront être un sacrifice pour le petit colon, car leur chiffre n'atteindra même pas à la moitié de la contribution foncière qu'il paierait en France. Enfin, ces avances de l'Etat ne pourront être considérables, puisqu'en livrant à mesure les terres, il en percevra le prix, ou commencera à en toucher les annuités. De cette manière il se remboursera et les colons pourront acquérir sans peine.

Ainsi dégagée de ces premières et plus pénibles difficultés, la colonisation, entourée du bien-être, des ressources, de la sécurité et des avantages des périmètres préparés à la recevoir, de la surveillance et de la protection de l'Etat, marchera rapidement au développement comme à la prospérité.

Le défrichement des terres et le mode que je propose deviennent dès lors le corollaire du projet de loi et ouvre la voie plus large à son exécution.

Heureux d'avoir vu la plupart de mes idées admises dans le rapport si intelligemment adopté par le comité consultatif, je le serai plus encore s'il admettait cette dernière, qui ne change en rien son projet et en facilite et en assure la salutaire application.

Maintenant je passe à la seconde question, celle du mode de gouvernement.

Est-ce l'autorité militaire ou l'autorité civile qui doit dominer en Afrique ?

Cette seconde question se lie naturellement à la première. La prospérité de la colonisation dépend de l'excellence du gouvernement, comme l'avenir de l'Algérie dépend de la prospérité de la colonisation. Le mode de gouvernement devient donc la pierre fondamentale.

De nombreux essais ont été faits en cela comme en toutes choses, et pour être plus à même de décider de l'avenir, nous allons consulter l'expérience du passé.

Dans le principe de la conquête, la première année s'écoula sous une administration provisoire militaire. On était allé en Algérie, non pour la conquérir, mais pour venger une injure ; le gouvernement avait changé en France pendant ce temps, on ignorait si on garderait la terre conquise et si on étendrait la conquête.

L'année suivante on songea pourtant à pourvoir au gouvernement de l'Afrique.

Une ordonnance du 1er décembre 1831 institua une intendance civile. On lui donna des attributions définies qui la séparaient du général en chef. Première faute commise, en amoindrissant, dès le début d'une conquête, l'autorité militaire aux yeux d'un peuple guerrier qui n'accorde le respect et l'obéissance qu'à l'épée.

L'unité du commandement n'existait plus en en outre. De là des conflits sans nombre, et force fut de rapporter, par une ordonnance du 12 mars 1832, celle du 1er décembre 1831.

L'intendance fut placée plus tard sous les ordres du général en chef, ainsi que le témoignent les ordonnances de 1832, 1834 et 1836.

Bientôt les choses changèrent encore de face. Une ordonnance de 1838, provoquée par le maréchal Vallée, altéra sensiblement l'esprit de celles précédemment rendues. Le gouverneur général voulut, en assumant sur lui toute la responsabilité, conserver son action entière. L'intendance civile fut supprimée, et lui seul correspondit avec le ministre.

Mais une nouvelle ordonnance de 1845 reconstitua l'administration générale et étendit le pouvoir de l'élément civil.

Une autre, de 1847, stipula la décentralisation administrative au profit des provinces; enfin l'arrêté du 3 décembre 1848 porta le dernier coup à l'autorité militaire. On mit toutes sortes d'entraves à ses attributions et, par suite de l'esprit qui régnait alors, on eut la fatale idée de vouloir gouverner l'Algérie à l'instar de la France, comme si cette colonie était assimilée.

Tant de modes de gouvernement en si peu d'années !... et toujours la persistance funeste de détruire, au profit de l'autorité civile, l'autorité militaire qui seule devait dominer dans un pays qui d'abord n'était pas encore conquis, qui plus tard n'était pas soumis.

Qu'est-il advenu de tout cela?

Des inconvénients de toutes sortes, des dépenses inutiles, des révoltes partielles de la part des Arabes et jusqu'à des entraves à la conquête.

La création d'une administration civile fut intempestive et onéreuse alors qu'il n'y avait aucun intérêt civil à administrer.

Si je voulais entrer dans des détails, je citerais l'administration des eaux et forêts et des ponts et chaussées. Cette administration fut créée en Afrique longtemps avant que nous fussions en état d'explorer une forêt, de tracer une route, de construire un pont. Elle resta spectatrice désœuvrée en attendant le moment opportun, et, en attendant, elle était payée par l'État, et ce qu'il y a de plus extraordinaire, c'est que quelques sous-officiers détachés faisaient la garde des forêts, c'est que le génie militaire ouvrait des routes pour les livrer plus tard à cette administration. C'était l'autorité militaire qui travaillait, c'était l'autorité civile qui était payée.

Il en fut de même des commissaires civils et de tous leurs employés qui venaient prendre possession des diverses localités qui leur étaient assignées avant même qu'elles fussent habitées par les Européens.

Pour n'en citer qu'un exemple, je parlerai du village de La Calle, où le commissaire civil ne trouva, à son installation, que 47 Européens. Ainsi l'on créait une administration, et il n'y avait pas d'administrés.

Dès lors, à ces dépenses inutiles se joignirent la confusion des pouvoirs et bientôt les conflits qui nécessitèrent les divers modes de gouvernements dont nous venons d'enregistrer la nomenclature.

Dès lors aussi plus d'autorité fixe aux yeux des Français et surtout à ceux des Arabes.

Ceux-ci voyant, sans y rien comprendre, le civil remplacer le militaire, le militaire remplacer le civil, puis tous deux marcher de front et se contrarier, crurent au désordre, à la confusion et par conséquent à la faiblesse des pouvoirs.

L'autorité française perdit de son prestige. Les Arabes conçurent l'espoir d'en triompher, ils cherchèrent à l'attaquer, et de là, sans aucun doute, toutes ces petites révoltes partielles qui éclatèrent sur tous les points qui parurent vulnérables.

De là également les entraves à la continuation de la conquête par la gêne imposée à l'autorité du gouverneur général, par cette volonté partagée ou lentement exécutée qui fait manquer, surtout à la guerre, les combinaisons les meilleures, les plans les plus heureusement conçus.

Et c'est après ces antécédents qu'a paru le décret du 9 septembre 1848, qui donnait la prépondérance à l'autorité civile et tendait à l'assimilation rapide des Arabes ?

Or, cette idée admise, on ôta au gouverneur général l'action directe qu'il avait sur les affaires. L'unité n'exista plus, les divers services furent rattachés à leurs ministères spéciaux ; on créa des préfectures, on fit des préfets, on organisa des conseils municipaux.

Ainsi on créa une administration civile pour une société qui n'avait aucun fondement civil ; l'autorité militaire marcha à la suite, on détruisit la centralisation des affaires arabes, et on désarma le pouvoir militaire du seul moyen d'action et de surveillance qu'il eût sur les indigènes. Les préfets contestèrent le pouvoir aux généraux commandant les divisions, et de vaines rivalités, qui prenaient leur source dans d'autres considérations que le bien du service et du pays, furent la cause de ces mésintelligences.

Quand même ces conflits n'eussent pas amené de déplorables suites, ils seraient regrettables par le manque d'harmonie entre les pouvoirs. Mais au contraire ils ont rudement pesé sur la colonie ; ils ont nui à son développement, jeté une grande incertitude dans l'esprit des Arabes et fait douter, plus que jamais, de l'autorité militaire, la seule qu'ils reconnaissent et qu'ils respectent.

Ils ont vu un nouveau Kébir (le préfet) arrêter

l'action militaire : et qu'on juge des suites qu'un pareil spectacle devait amener chez ce peuple qui, le lendemain de sa soumission, ne se croyait plus obligé à l'obéissance vis-à-vis du chef qui l'avait vaincu !

Heureusement le Gouvernement s'est arrêté devant l'exécution de plusieurs mesures ordonnées par ce décret.

Le comité consultatif qui a été constitué a soumis des idées salutaires et intelligentes, suggérées par de profondes études de la question ; et un nouveau projet de loi, fruit d'un travail opiniâtre et consciencieux, va être présenté à l'Assemblée.

La question du mode de gouvernement va donc être tranchée, et c'est pour cela qu'invoquant l'expérience des faits, rappelant ce que j'ai écrit tant de fois, je viens consigner de nouveau mon opinion et dire qu'en souvenir des fautes passées, qu'on doit éviter dans l'avenir, c'est au gouvernement militaire qu'il faut donner la prédominance en Algérie.

Si l'on considère son étendue avec près de 250 lieues de côtes et une profondeur de 100 lieues, en y comprenant les tribus situées au delà des hauts plateaux jusqu'au désert ; si l'on fait la part de l'esprit des populations qui l'habitent, de la différence des religions et de cette antipathie profonde pour les chrétiens qui semble être comme un des articles de la croyance musulmane, on comprendra comme question générale que, d'une part, l'étendue du pays, de l'autre, les éléments qui l'occupent, exigent pour longtemps encore le maintien de forces suffisantes et d'une autorité virile qui impose souvent la crainte et toujours le respect.

Si le pays est soumis, il n'est pas assimilé à la mère-patrie; on peut s'en fier à sa tranquillité présente, et ce serait une faute très-grave que de s'endormir sur cette apparente sécurité. Il suffit de quelques fanatiques, comme nous l'avons vu trop souvent, pour appeler les populations aux armes, au nom de la guerre sainte. Ainsi, lors même qu'on n'a plus de combats à livrer, il peut se faire qu'on soit obligé d'avoir subitement et partiellement recours aux armes. Il faut donc conserver une force assez considérable, et, tout en se prémunissant contre les éventualités et la rébellion, il faut aussi faire prendre aux troupes des positions qui leur permettent de mieux envelopper les Arabes dans ce vaste réseau qu'on doit tendre autour d'eux.

Ce n'est pas tout. Vainement on aurait recours à des armées qui n'opposeraient que la force matérielle pour soumettre un peuple. La force et l'autorité morales peuvent seuls en venir à bout, et l'autorité morale ne peut s'établir sur les Arabes que par les militaires.

L'Arabe, en effet, ne comprend autre chose dans la vie que la guerre et sa religion. Pour la guerre, ses habitudes, ses mœurs, son instinct, son courage, le poussent incessamment vers les combats, et lorsqu'il est en paix, il se livre à des

jeux qui lui en représentent l'image. Peut-il esti-
mer, respecter, craindre autre chose qu'un militaire ?

Pour sa religion, un abîme de haine le sépare
du chrétien, et dans son fanatisme, c'est com-
mettre une action louable que de lui nuire. D'a-
près cela, se soumettra-t-il à un chrétien, et le
chrétien pourra-t-il avoir confiance dans sa soumission ?

L'Arabe ne connaît donc pour première justice que la force. Il ne comprend la main de Dieu
que dans le châtiment qu'il reçoit. Inaccessible à
tout sentiment de générosité pour qui n'est pas
de sa religion, il est toujours prêt, non-seulement
à se défendre, mais encore à attaquer, s'il a pour
lui quelque chance de succès.

J'ai souvent parlé du caractère des Arabes.
Dans mes diverses publications, j'ai cité à l'appui
plusieurs traits caractéristiques qui confirmaient
ce que j'avançais, aujourd'hui j'en vais citer un
qui prouve que l'Arabe nourrit son fanatisme
même dans les fers.

Un visiteur au château d'Amboise sollicitait
dernièrement d'Abd el-Kader un sentiment de
bienveillance pour notre pays, en lui représentant
la manière humaine et généreuse dont il était
traité dans sa captivité. — « Oui, répondit Abd-
el-Kader, les Français sont bons, généreux,
humains, je le reconnais. Mais si j'étais libre, je
leur ferais encore le plus de mal que je pourrais,
parce que ma religion me l'ordonne, et que le

Coran, ce livre sacré, m'en fait un devoir de toute ma vie. »

L'expression d'une pensée commune à tous, et résumée par la bouche de celui qui les appela si souvent aux armes, donne la mesure du sentiment de ces peuples à notre égard.

Or, quel frein plus logique et plus fort peut-on leur opposer, si ce n'est l'autorité militaire, dont les formes brèves et positives sont mieux comprises par eux et se rapprochent le plus de leurs mœurs féodales et de leur justice?

Qui respecteront-ils, qui craindront-ils autant que ceux qui les ont tant de fois vaincus?

Cette vérité est tellement reconnue en Afrique par l'autorité civile elle-même, qu'elle a cru devoir faire revêtir les employés des finances, des vivres, etc., d'un costume qui singe l'uniforme pour imposer aux Arabes, et que la casquette ornée du galon est généralement adoptée pour faire croire que celui qui la porte appartient au militaire.

Le gouvernement militaire est donc indispensable pour longtemps encore en Algérie. Il est indispensable, parce qu'on a affaire à une population guerrière qui, quoi qu'on en dise, ne souffre qu'impatiemment le joug de la France, si doux et si humain qu'il soit fait.

Il est indispensable, parce qu'avant tout il faut pourvoir à la sécurité du pays, et que pour prendre ces vastes mesures, il faut l'unité du commandement qui ne doit rencontrer ni gêne ni entraves.

Il est indispensable enfin, parce que l'autorité morale, qui prévient et apaise les révoltes, réside seule dans la crainte de la force pour ces peuples qui ne peuvent nous comprendre encore.

Le résumé rapide des gouvernements que j'ai tracés, les déplorables résultats que j'ai signalés tant de fois et que je viens de répéter encore, suffiraient pour prouver ce que j'avance.

Mais de ce que je présente ainsi le gouvernement militaire comme une nécessité, s'ensuit-il que je veuille proscrire l'autorité civile dans une certaine mesure, et priver le pays de ce puissant moyen de stabilité, de prospérité et de civilisation? Loin de là. Je suis de ceux qui pensent qu'une bonne administration civile doit régir quant à présent les Européens sur certains points, encourager leurs efforts, leur venir en aide, et leur présenter, sur le sol africain, les mœurs et la justice de la France. Je suis de ceux qui veulent que cette administration s'infiltre peu à peu par des modifications, que les circonstances développeraient, et dont l'utilité sera reconnue. Je suis de ceux enfin qui ont écrit pour l'avenir que le sol africain deviendra une terre française.

Ce n'est pas que l'armée réclame la part de l'autorité civile. Telle n'est pas sa mission. Les lois, les mœurs, les usages, l'assimilation enfin, appartiennent à cette autorité seule, et loin de moi l'idée de l'en dépouiller, de jeter sur le gouvernement militaire la responsabilité d'un fardeau qu'il n'ambitionne pas et qui est loin de sa sphère.

Mais pour ces modifications, pour ces progrès, pour cette assimilation, noble but auquel doivent tendre tous les gouvernements civilisés, j'ai constamment demandé et je demande encore la part du temps, afin d'arriver sans secousse, sans imprudence, sans millions jetés au vent, sans révoltes incessantes, sans guerres imprévues, sources de tant de maux; j'ai constamment demandé et je demande encore, quant à présent, par tous ces motifs, par ceux que j'ai donnés plus haut, par ceux que je vais donner plus bas, la prédominance de l'autorité militaire sur l'autorité civile, l'unité du commandement.

Et pour aborder les questions de détail, car je crois avoir épuisé la question générale, quand la situation de l'Algérie, à peine soumise, quand le caractère des Arabes, ne démontreraient pas la nécessité de cette prédominance, la raison seule l'indiquerait assez haut.

Et, en effet, que voyons-nous en Afrique, si nous comparons les obligations, les devoirs, la responsabilité des deux autorités qui régissent le pays ?

D'après les statistiques officielles, l'Afrique compte, répartis sur son sol, 112,607 Européens, dont 58,000 Français, et le reste de différentes nations.

La population indigène s'élève à 3,000,000.

L'autorité civile n'a à régir que ces 112,607

Européens. L'autorité militaire a à contenir et à régir par les bureaux arabes 3,000,000 d'indigènes, et ce serait l'autorité militaire qui marcherait à la suite de l'autorité civile ! Mais l'armée, qui est sous les ordres d'un chef militaire, est presque égale aux administrés de l'autorité civile.

Et, si l'on veut envisager cette même question au point de vue financier, telle est la somme énorme qui tombe à la charge du trésor, qu'il en coûte plus de 12,000,000 pour administrer cette poignée d'Européens établis en Algérie, et je le prouve par les chiffres du budget de 1851, dont je vais donner le détail :

| | |
|---|---|
| Administration provinciale, | 747,200 francs. |
| Services financiers, | 1,253.855 |
| Expropriations, | 400,000 |
| Colonisation, | 1,715,000 |
| Colonies agricoles, | 2,450,000 |
| Travaux civils, | 5,528,000 |
| Dépenses secrètes, | 150,000 |
| | 12,044,055 |

12,000,000 pour 100,000 Européens ! Est-ce raisonnable ? est-ce juste ? est-ce possible ?

Mais pour ceux qui préconisent l'élément civil jusqu'à l'assimilation immédiate, cette somme est au-dessus des dépenses les plus folles, si on les compare à nos administrations départementales. L'Algérie est divisée en trois départements. A 12,000,000 pour l'Algérie entière, nous trouvons 4,000,000 de dépenses par département, et

le tiers de 112,000 Européens à administrer nous
donne 37,000. Quel est le département français
dont la population ne dépasse pas 37,000 habi-
tants ? Quelle est la préfecture qui arrive, pour
son administration, à 4,000,000 de dépenses ?

Faut-il des chiffres ? Je prends au hasard un
des départements français le plus peuplé.

Les bureaux de la préfecture de Lille coûtent
63,000 fr. pour administrer 1,000,000 d'individus. Les bureaux de la préfecture d'Alger
coûtent 150,000 fr. pour administrer 50,000 individus.

Quoi de plus positif et de plus clair ?

Et qu'ont produit ces systèmes, quels bienfaits, quels heureux résultats ont amenés ces
énormes chiffres ?

La raison, le plus simple bon sens, comme je le
disais, démontrent d'une manière évidente que
cette large place, ces immenses prérogatives données à l'élément civil sont intempestives, funestes
et ruineuses, et qu'il faut les régler au plus tôt.

Mais, me dira-t-on, si on laisse la prépondérance à l'autorité militaire, si l'autorité civile ne
prend qu'une petite part au gouvernement, comment arrivera-t-on à ce double but :

1° De régir les populations européennes par le
gouvernement civil ;

2° D'infiltrer ce gouvernement civil dans les
mœurs arabes pour arriver un jour à l'assimilation ?

Je répondrai d'abord à la première partie de

cette objection que, si l'on se fût borné à établir l'administration civile sur le littoral ou dans les seuls centres de population où se créaient des intérêts européens, cette administration se serait moins compromise aux yeux des Arabes, aurait été beaucoup moins coûteuse et aurait excité bien moins de conflits.

Mais au lieu de cela, qu'a-t-on fait et que parle-t-on de faire encore? Sur les 112,000 Européens, plus de 30,000 sont allés s'établir à l'aventure dans l'intérieur de l'Afrique, loin des centres de population, des communications, des routes, isolés au milieu des Arabes. Souvent entraînée par eux, l'armée les a suivis, et l'autorité civile est accourue bientôt la remplacer. De là ces fautes commises, comme au village de La Calle, que j'ai déjà cité plus haut; de là cette augmentation de dépenses pour tout ce cortége administratif qui va s'installer pour quelques enfants perdus au milieu de tribus nombreuses; de là tous les inconvénients d'une administration sans administrés.

On s'aperçoit aujourd'hui de tous les maux qui résultent de la facilité avec laquelle on a permis à ces populations nomades d'aller s'établir çà et là dans le pays. Quelle est la protection que peut accorder l'administration civile, puisqu'on veut les administrer civilement? Quelle autorité emploiera-t-on pour forcer à l'obéissance, si on se passe de l'autorité militaire? Comment, enfin, régir une population d'Arabes, pour quelques Européens qui s'y trouvent? Quels juges nommer pour faire respecter la loi et quelle loi appliquer?

On conçoit d'avance ce que je demande : arrêter ces émigrations folles dans l'intérieur, et, au lieu de créer à tout prix, sur tous les points, une administration civile, mettre les Européens, qui sont en petit nombre, au milieu des populations arabes, sous l'autorité militaire qui y fonctionne déjà. Lorsque le nombre des Européens sera assez important pour avoir une administration civile, on l'installera et on fera un territoire civil avec toutes les prérogatives de cet élément. Les Européens seront régis par leurs lois et leurs gouvernants spéciaux.

L'influence de l'autorité civile ne pourra être compromise par son absence, lors de la fondation de ce centre futur; au contraire, elle arrivera quand tout sera préparé pour la recevoir, évitera des fautes inséparables d'une position fausse et mal assise, et sera mieux à même de fonctionner vers le but où elle doit tendre dans l'avenir. Le trésor y aura gagné de grandes économies, et les Européens une parfaite sécurité.

Du reste, le projet de loi sur la colonisation prévoit en partie ce cas-là, en posant l'obligation de désigner les périmètres.

Quant à la seconde partie de l'objection, elle paraît plus sérieuse, et je vais la traiter à fond.

Il s'agit de la prédominance de l'élément civil pour arriver à l'assimilation des Arabes. Il s'agit, en un mot, de la civilisation, qui, selon les idées de beaucoup, et comme on l'a pensé jusqu'ici, ne peut être amenée que par cet élément qui, par conséquent, doit être établi le plus tôt possible et tout dominer.

Je me demande si cette grande hâte est raisonnable et même possible, si seule l'autorité civile peut parvenir au but, si elle doit commencer l'œuvre.

Avant d'arriver à l'assimilation d'un peuple, il faut le civiliser.

Pour le civiliser, il faut lui imposer deux choses : le prestige et la confiance.

L'autorité civile ne peut inspirer aux Arabes ni l'un ni l'autre de ces deux sentiments : je l'ai suffisamment démontré. C'est donc à l'armée à commencer l'œuvre ; c'est à l'autorité civile à l'achever.

Ici j'entends une première objection, et c'est peut-être la plus grave dans l'esprit de ceux qui la font. L'armée ne sait que combattre et ne sait pas civiliser, disent-ils. L'armée porte avec elle sa force et sa discipline, et non l'action civilisatrice qui conduit à l'assimilation des peuples. Elle ne peut rien apprendre, rien enseigner, elle ne sait qu'obéir passivement.

N'est-il pas temps, enfin, de faire justice de cette croyance erronée qui, depuis notre dernière révolution surtout, s'est plus que jamais répandue? de cette croyance parfois offensante et qui va jusqu'à caractériser cette noble armée, de force brutale quant à son action, de régime du sabre quant à sa discipline?

N'est-il pas temps de rendre à cette armée la place qu'elle occupe dans la société, non comme force passive, mais comme masse citoyenne? Quoi ! c'est aujourd'hui, avec les modifiatio ns introduites dans le régime militaire, qu'on prétend borner le rôle de l'armée à livrer des batailles, qu'on veut déshériter le soldat de la qualité de citoyen, et, qu'après avoir été utilisé pour la conquête, on lui refuse le droit de l'être pour commencer la civilisation ? Mais l'expérience du passé et la constitution qui régit les militaires de nos jours ne parlent-elles donc pas assez haut ?

Et qu'ont donc fait nos armées dans nos temps de guerre les plus glorieux, si ce n'est d'avoir laissé, après les combats, aux peuples conquis, une part de nos lois et de nos mœurs ? L'Italie, l'Allemagne, l'Espagne, ne conservent-elles pas les traces de notre civilisation ? Et qui aura implanté notre Code, qui régit tant de provinces étrangères, si ce ne sont nos armées ?

Mais, depuis encore, cette même armée s'est ressentie des progrès du temps et a marché elle-même à la hauteur de son époque.

Elle n'est pas plus aujourd'hui une force inintelligente et matérielle qu'une garde prétorienne. Elle est formée de citoyens qui viennent payer à leur pays le tribut de leurs services. Elle peut, à son tour, instruire et policer, car elle porte dans son sein l'instruction et nos meilleures mœurs françaises, et elle n'est plus à la disposition du premier ambitieux pour servir ses criminels projets contre les libertés d'un peuple. Son esprit, sa constitution, ne permettent pas même le soupçon d'accusations pareilles, car, dans sa constitution, tout est réglé, pondéré, prévu. Ses usages et ses lois ont posé des limites, ont su élever des barrières. Sa constitution, sans paralyser son émulation salutaire, interdit l'ambition mauvaise et désordonnée, prévient l'arbitraire, assure la justice; et, tout en imposant aux uns la soumission et l'obéissance, exige des autres la science du commandement et la sollicitude du chef.

Et s'il m'était permis d'entrer dans des détails pour ceux qui, ignorant nos règles et nos lois, laissent calomnier l'armée et croient à ces calomnies, j'embrasserais rapidement la vie du militaire sous toutes ses faces et dans tous ses grades et je dirais : le caporal ne peut devenir sous-officier s'il n'est au tableau d'avancement présenté et porté par tous ses chefs dans l'ordre hiérarchique, ce qui est la meilleure garantie. Le sous-lieutenant lui-même ne peut pas avoir l'ambition d'être capitaine : il faut qu'il soit d'abord lieutenant, qu'il le soit deux ans, et ce temps écoulé, sa bonne conduite ou une action d'éclat peut lui valoir plus vite l'autre grade.

S'agit-il d'une punition ? Les règlements l'ont prévue. Le tarif en est déterminé suivant la nature de la faute et le caractère de celui qui l'a commise, et l'officier ne saurait se livrer à l'arbitraire envers le soldat, car ses chefs immédiats sont à leur tour juges de la justice de la peine.

S'agit-il d'un soldat dont le service dépasse les forces ? ce soldat est l'objet de tous les encouragements, de tous les soins, et enfin il est réformé, si son état l'exige.

Quant aux chefs, quels devoirs, quelles études, quel savoir ne leur sont pas imposés ?

Le simple officier doit connaître les plus petits détails qui se rattachent au service de la caserne, aux exercices militaires, à l'instruction comme à l'hygiène. S'il parvient à une position plus élevée, il doit grandir avec sa position, réunir toutes les qualités nécessaires à l'officier supérieur. S'il devient officier général, que de connaissances ne lui sont pas demandées ! et l'organisation de l'armée et son administration, et toutes les armes et toutes les lois ; et toutes les forces, et le peuple qu'il combat et le pays qu'il occupe, et la tactique qui demande tant de prudence et tant d'étude !

Et c'est ce noble corps qu'on appelle la force inintelligente et matérielle ! C'est de cette agglomération d'hommes dont les lois répudient l'arbitraire qu'on craint le régime brutal du sabre ! C'est cette masse disciplinée à laquelle concourent les citoyens de toutes les classes, les officiers sortis des écoles les plus savantes de l'Europe, c'est cette masse dont l'esprit est si intelligent, qui ne saurait pas exercer une action civilisatrice sur un peuple qu'elle a conquis !

Son action civilisatrice, l'armée la porte avec elle aujourd'hui, et elle sait mieux que personne que ce ne sont pas toujours les coups de fusil qui lui ouvrent un passage au milieu des peuples. Son esprit d'ordre, de subordination constante attire à elle les vaincus, bien loin de les écarter. C'est le premier pas fait pour la civilisation, et ce pas est immense.

Cette civilisation a elle-même des échelons qu'il faut faire parcourir aux peuples qu'on attire vers elle. Les premiers sont les grands et profitables travaux qui implantent au sol les établissements, les communications, la culture; ces grands travaux, l'armée peut les exécuter avec ses formes toujours nettes, toujours décisives, bien plus facilement que l'autorité civile, qui n'a ni ses habitudes ni ses moyens.

Et à cet égard que s'est-il passé, que se passe-t-il encore en Afrique depuis la conquête?

Tous les grands travaux, routes, canaux, fontaines, établissements, ont été faits par l'armée. En ce moment même, où l'administration civile est bien établie, ne voyons-nous pas, entre autres, près d'Oran, des routes entreprises par les deux autorités? Celles de l'autorité militaire sont terminées : celles de l'autorité civile ne sont que commencées.

Qui a cultivé les champs, qui a ensemencé les terres, et pour beaucoup qui a fait les récoltes? ce sont les soldats.

Quel est le village aujourd'hui prospère où l'action de l'autorité militaire ne se soit pas fait sentir? Ils étaient commandés par des officiers chargés d'imposer à tous des règles de discipline, d'ordre et de travail, et l'autorité civile l'a si bien reconnu elle-même, qu'en 1849, où des villages devaient lui être livrés, elle a prié l'autorité militaire de les conserver encore sous sa direction.

Ces résultats ne sont-ils rien pour la civilisation? l'administration civile a-t-elle pu les obtenir?

A ce premier avantage s'en est joint un second très-important encore : c'est l'administration des Arabes dirigés par des officiers placés à la tête de bureaux spéciaux.

S'il est un moyen de civilisation puissant et rapide, c'est certes celui qui met face à face l'Arabe et le Français, qui initie ce dernier aux lois, aux mœurs, aux habitudes, à la religion, aux préjugés, aux secrets du premier. L'intelligence, les soins, le zèle déployé par les officiers de ces bureaux, sont aujourd'hui chose notoire et peut-être pas assez appréciée. Considérée sous le rapport de la civilisation, cette administration est celle qui peut produire les plus prompts et les meilleurs résultats. Ces officiers, par la connaissance intime qu'ils acquièrent du caractère des Arabes, sont surtout compétents non-seulement pour conseiller, mais pour agir afin d'implanter les premiers germes de la civilisation, et, plus que tous autres, peuvent faire comprendre aux Arabes la justice et la bonté de nos institutions, les mettre en balance avec les leurs, les attirer peu à peu vers elles; eux le peuvent surtout, car, à force d'études, ils sont parvenus à parler leur langue, et savent ce qu'ils doivent dire et faire sans froisser ni leurs préjugés ni leurs croyances.

Qu'on ordonne à ces officiers de commencer l'œuvre, et ils l'accompliront, en mêlant à cette tâche celle de l'administration des affaires, dans laquelle ils trouveront à chaque instant des ressources pour l'accomplir.

Or, je le demande, peut-on espérer les mêmes résultats de l'autorité civile, quand si peu de ses employés sont parvenus à apprendre la langue arabe, que les officiers savent tous?

Est-il possible que l'autorité civile dirige les bureaux arabes, quand l'organisation sociale de ces peuples est toute féodale, son administration toute militaire, quand ils ne connaissent que deux choses : obéir ou être punis, quand, par leurs mœurs et leurs habitudes, ils n'accordent la confiance et le respect qu'à l'épaulette ?

Je crois avoir prouvé qu'au lieu d'inconvénients qu'on aurait à craindre dans la prédominance de l'autorité militaire, sous ce point de vue on y trouve des avantages, des moyens, des ressorts que ne saurait présenter l'autorité civile.

En me résumant donc pour la question générale et pour les questions de détail, l'autorité militaire administre trois millions d'Arabes ; l'autorité civile cent mille Européens.

L'autorité militaire porte seule avec elle la force, le prestige et la confiance ; elle prévient ou écrase les révoltes, garantit la sécurité et la paisible possession du pays.

L'autorité militaire à tout fait jusqu'ici; l'autorité civile n'a porté que des entraves, a coûté des sommes immenses, et n'a obtenu aucun résultat important.

L'autorité militaire est plus à même que l'autorité civile de jeter les germes de la civilisation.

L'autorité militaire doit donc prédominer, quant à présent, et marcher avant l'autorité civile, qui fonctionnera à son ombre dans des limites tracées, et dans toute l'indépendance de son action étendue sur une certaine agglomération d'Européens, jusqu'au moment où l'assimilation des deux peuples lui donnera le rang qu'elle occupe en France.

Je donnerai encore comme motif important un dernier argument qui ne manque pas de valeur.

Par économie pour le trésor, par mesure d'administration normale du pays, on doit tendre et on tend chaque jour à diminuer les forces de l'occupation: à mesure surtout que l'élément civil s'étendra en Algérie, on doit donc conserver encore plus à l'autorité militaire et son influence et son prestige.

Tout ce que je viens d'écrire, je l'avais déjà publié d'une manière moins spéciale, épars dans mes diverses brochures, car il n'y avait alors que de faibles tendances à la prédominance du gouvernement civil. Aujourd'hui, j'ai dû aborder la question tout entière, la traiter à fond, et, comme dans ma première partie, je suis heureux d'avoir lu dans le rapport du projet de loi du comité consultatif la même opinion que j'avance quant au gouvernement militaire.

Comme je l'ai déjà fait, je m'appuie sur l'imposante autorité de cette réunion d'hommes éminents pour corroborer mon opinion, en me permettant toutefois quelques observations que je crois utiles. Ainsi le rapport dit (page 4) : « Quand on est dans une ère d'agitation et de luttes, quand la révolte est dans tous les esprits et peut se traduire à tout instant dans les faits, alors, et aussi longtemps que cette situation dure, un grand rôle appartient nécessairement à l'armée. Bien aveugle celui qui ne tiendrait pas compte d'un fait aussi considérable et qui croirait édifier quelque chose de stable, en faisant abstraction des conditions du temps et du pays où l'on vit. Le cours des événements, l'empire irrésistible des choses détruirait promptement l'œuvre éphémère que l'on aurait essayé de fonder, et montrerait, une fois de plus, qu'il est des nécessités au-dessus des caprices de l'opinion, des besoins qui s'imposent et qu'on ne méconnaît jamais impunément. »

Et plus bas (page 5) : « Il y a en Afrique, au sein des populations vaincues, des passions non éteintes, des partis non abattus, qui constituent un danger permanent constamment répandu sur presque toute la surface du sol. Le seul moyen de le conjurer est aussi la concentration entre les mains d'un chef militaire de l'action gouvernementale qui, à cette condition seulement, est suffisamment efficace. On ne gouverne pas les Arabes sans un pouvoir fort et militaire, réunissant au commandement de l'armée la conduite des affaires politiques, les soins de la conquête, l'administration des indigènes ; pouvoir assez élevé pour être respecté d'eux, assez puissant pour en être redouté. L'ordre est à ce prix, et l'ordre est l'intérêt qui domine tous les autres ; au-dessous de ce pouvoir, et se mouva librement, ayant une action jusqu'à un certain point indépendante, on peut et on doit placer des magistrats civils, organes et interprètes de la loi, préposés à l'administration des populations européennes : rien de mieux. Mais que l'armée et l'autorité militaire trouvent dans cette organisation la place qui leur appartient. Qu'on ne les relègue pas au second rang; voilà la conséquence qui résulte et que nous pouvons déjà tirer de l'examen de la situation politique du pays. »

Plus bas encore, page 29 : « Pour atteindre le double but que la France poursuit et doit poursuivre en Algérie, la pacification d'une part et de l'autre la colonisation, le maintien de l'ordre par la force et l'exploitation du sol par le travail, il faut donner, quant à présent, la prépondérance à l'autorité militaire sur l'autorité civile, parce que l'intérêt politique, celui de la domination, l'emporte aujourd'hui sur tous les autres, et que l'intérêt civil est au contraire peu développé, repose sur un sol encore mal affermi, et subsiste à la seule condition d'être couvert par une armée de 80,000 hommes. Le moment où il doit prévaloir et dominer à son tour n'est pas venu. »

Enfin, page 57, dans son résumé, le rapport porte : « Nous plaçons le pouvoir civil dans une situation indépendante, quant à la gestion des intérêts européens ; le pouvoir militaire, dans une situation supérieure, mais réglée, déterminée ; le pouvoir ministériel au-dessus de tout, mais à la condition de déléguer largement ses attributions. »

On le voit, le rapport, par des motifs qu'il n'a pas dû détailler autant que moi, adopte le principe que j'avais posé depuis si longtemps.

Cependant le texte du projet de loi porte, article 18 : « *Le gouverneur général peut être choisi soit dans le civil, soit dans le militaire.* » Et ici nous cessons d'être d'accord ensemble.

A la vérité, à cet article est jointe la note suivante : « Nous n'avons pas voulu préjuger dans la loi la question de savoir si le gouverneur général doit être pris dans le civil ou le militaire. Longtemps peut-être ces fonctions devront être confiées à un officier général ; la situation de la colonie en fait en ce moment une nécessité ; mais si les circonstances venaient à changer, il ne faudrait pas que le Gouvernement se trouvât entravé par des dispositions législatives. Jamais d'ailleurs les organisations successives des pouvoirs organiques de l'Algérie n'ont été explicites à cet égard, ni dans leur texte, ni dans leur esprit. »

Cette note est un palliatif au texte de l'article 18, mais je n'en persiste pas moins à croire la faculté de nommer un gouverneur général civil, inscrite dans la loi, une disposition dangereuse et funeste.

Dans une loi, tout doit être clair, positif, explicite.

Donner, dès ce moment, la faculté de nommer un gouverneur général civil, c'est, pour faire une concession à l'esprit du moment, ouvrir la porte aux ambitions, aux influences ; c'est donner des embarras au pouvoir exécutif, embarras dès la nomination première du gouverneur général, qui se renouvelleront chaque année, à chaque événement arrivé en Algérie, à chaque mouvement parlementaire, peut-être à chaque changement ministériel. C'est donner, quant à présent, une espérance qui, si elle se réalise jamais, ne peut se réaliser qu'à une époque assez reculée pour qu'on ait eu tout le temps possible de faire une nouvelle loi qui serait nécessitée par les circonstances, ou de changer le texte de cet article quant à la qualité du gouverneur général.

« La situation de la colonie fait, en ce moment, une nécessité d'un gouverneur général militaire, dit la note du comité, mais si les circonstances venaient à changer, il ne faudrait pas que le Gouvernement se trouvât entravé par des dispositions législatives. »

Quelles circonstances si promptes redoute donc le comité? lesquelles sont possibles en Algérie qui nécessitent tout à coup le changement du gouverneur général militaire en gouverneur général civil?

Evidemment il n'est qu'une seule circonstance, c'est celle de l'assimilation, et cette assimilation ne peut arriver tout à coup, on en est convaincu.

D'ailleurs, le comité lui-même en fixe l'époque. Il dit dans son rapport, page 4 : « Nous sommes donc contraints d'entretenir en Algérie une armée nombreuse ; nous serons, selon toute apparence, contraints de l'y entretenir et de la garder longtemps, car l'assimilation des deux peuples ne sera définitive que lorsque des générations nouvelles se seront élevées, des intérêts nouveaux se seront créés, et *il faut pour cela un quart de siècle au moins.* »

Ici nous différons encore d'opinion. Je ne pense pas, d'après tout ce que j'ai vu en Algérie, d'après tout ce qu'on a écrit, d'après tout ce qu'a écrit le comité lui-même dans son rapport, que l'assimilation entre le Français et l'Arabe soit possible dans l'espace de vingt-cinq années.

Il faudra plus d'une génération pour faire oublier à ce peuple et ses habitudes guerrières, et ses habitudes nomades, et sa haine religieuse commandée par le Coran contre les chrétiens. Il faudra que les pères et les aïeux n'existent plus pour entretenir dans le cœur de leurs enfants le fanatisme et l'esprit de révolte.

Mais supposons encore qu'au bout de ce quart de siècle le gouvernement civil ait des droits à la prédominance : où est la nécessité de l'inscrire d'ores et déjà dans la loi après tous les inconvénients que je viens de signaler ?

D'ailleurs cette loi ne devra-t-elle pas toujours être refaite ? Dans le cas de la nomination d'un gouverneur général civil, rien n'est prévu quant aux changements que cela amène.

Je vois bien, art. 17, que le gouverneur général aura le commandement général des troupes.

Art. 19. S'il est choisi dans le militaire, il commandera les troupes de toutes armes, françaises, étrangères et indigènes ; mais je ne vois plus, dans le projet de loi, aucune autre disposition si le gouverneur général est choisi dans le civil. Je ne suppose pas que, dans ce cas, on veuille lui confier le commandement général des troupes. Il faudra faire une annexe à la loi, définir sa position. Ne serait-il pas plus rationnel de faire le tout ensemble, et le jour où l'autorité civile devra dominer en Algérie, lui en octroyer le gouvernement général dans une nouvelle loi devenue indispensable par le changement de mœurs, d'usages, de politique, qui se sera introduit dans la colonie ?

Qu'on rentre dans la vérité, et, au risque de ne pas faire à une portion de l'opinion publique une concession qui pourrait devenir fatale, qu'on efface du texte de la loi cette faculté donnée au pouvoir exécutif, contraire à la situation présente, source d'intrigues et d'espérances décevantes, et que le temps seul doit amener.

Maintenant il me reste encore quelques observations à présenter comme complément au mode de gouvernement militaire :

Les premières sur l'administration des Arabes, et la centralisation de leurs bureaux ;

Les secondes, sur la répartition des troupes pour arriver à la diminution de l'effectif de l'armée.

J'ai déjà prouvé la nécessité des bureaux arabes dirigés par les officiers de l'armée, et je l'ai présentée comme un des moyens les plus puissants de civilisation.

« C'est un moyen d'influence légitime sur les populations, » dit à son tour le rapport, p. 56.

À ce premier avantage se joint une autre nécessité : c'est de ne pas toucher encore à l'administration des Arabes entre eux, et de rétablir la centralisation de leurs bureaux, qu'on a si malheureusement détruite.

D'accord en cela avec le comité, je ne saurais trop appuyer sur cette mesure qui devient un des moyens les plus puissants de gouverner l'Algérie sous le double rapport des impôts et de la sécurité ; et à cet égard, je trouverai encore des arguments en faveur de la prépondérance de l'autorité militaire contre l'autorité civile, en faveur du long temps pendant lequel l'autorité militaire doit prédominer.

L'Arabe n'est pas tourmenté comme nous de cette soif de changement qui nous domine ; loin d'être variable, son caractère est empreint d'une fixité d'idées et d'habitudes. Par suite, il adopte lentement, mais une fois qu'il a adopté une institution, il la garde sans s'en écarter.

Il suffit, pour ces peuples, que la force devienne l'auxiliaire de la justice, et ils rejettent dès lors toute velléité d'innovations.

C'est sur ce caractère, qu'ils avaient bien étudié, que les Turcs avaient établi leur puissance.

C'est sur ce caractère aussi que nous avons établi la nôtre dès le début de la conquête, toutefois avec les modifications qu'entraîne notre régime de civilisation, d'humanité et de justice.

Nous avons laissé aux indigènes leur administration tout entière pour leur justice et pour le paiement de l'impôt.

Cette administration repose sur trois pivots : le kaïd, l'agha et le califat, qui sont chargés de tout, qui sont responsables de tout à nos yeux. Cette administration se résume pour les frais qu'elle coûte à dix pour cent sur les recettes, partagés entre ces trois autorités.

Au-dessus d'eux, pour les surveiller, pour faire exécuter, nous avons établi les bureaux arabes.

Les bureaux arabes ont dû être dirigés par des officiers : car, comme je l'ai dit, il faut pour ces peuples que la force devienne l'auxiliaire de la justice, et ce n'était que parmi leurs vainqueurs qu'on pouvait choisir. L'autorité civile, avec ses formes lentes et légales, eût été non-seulement impuissante, mais même dérisoire.

Les résultats qui ont été obtenus par cette administration ont dépassé toutes les espérances.

Les officiers, avec une patience au-dessus de tout éloge, se sont appliqués à apprendre les mœurs, les usages, les lois, le caractère, la langue des Arabes. Ils ont déployé en cela une intelligence supérieure ; ils sont même parvenus à améliorer le régime et l'administration des Arabes, dans certains détails, et se sont rendus maîtres de l'impôt, de la police et quelquefois des esprits.

Ainsi, le revenu de l'impôt des Arabes s'élevait, dans le principe, au chiffre de trois millions, comme au temps des deys ; aujourd'hui, il s'élève à huit millions, et cette amélioration, sans contredit, a été obtenue par la bonne administration de l'autorité militaire.

Ainyi, le calme et la sécurité sont ramenés dans le pays par la surveillance des bureaux arabes, par la responsabilité qu'ils ont imposée aux chefs des tribus : de là mille avantages pour le pays, et qui allègent d'autant le trésor.

La police est faite par les Arabes eux-mêmes. Les routes sont gardées par leurs postes, de lieue en lieue tout au plus, et une consigne traduite dans les deux langues est fidèlement exécutée. Si un voyageur arrive de nuit, il est conduit dans un douair, logé, nourri, et peut le lendemain continuer sa route. Chaque tribu est responsable des crimes ou délits commis sur son territoire, et elle doit livrer le coupable sous deux mois. Jusqu'à présent, on n'en connaît pas un seul qui ait pu se soustraire aux recherches.

Cette sécurité, cette confiance, dues à la surveillance et aux fréquentes visites des officiers aux diverses tribus, est d'une importance extrême pour la prospérité du commerce en Algérie, et ces avantages ne s'arrêtent pas là. Les cavaliers des tribus alliées sont à nos ordres en cas de convois, d'approvisionnements, de révolte, et deviennent d'une très-grande utilité à l'armée.

Longtemps encore, on le voit, une administration, dont les résultats sont si salutaires aux deux peuples, doit subsister en Algérie. D'un côté, les Arabes y voient un acte de clémence de notre part, en ne touchant ni à leurs lois ni à leur religion ; de l'autre, nous acquérons une sécurité que nous n'obtiendrons jamais par d'autres moyens ; et ce ne sera qu'au bout d'un long temps, je le répète, qu'on pourra entraîner l'Arabe à une assimilation, et, s'il est un moyen d'y parvenir, je le répète encore, il ne pourra se trouver que dans les rapports de ce pays, de ce peuple avec les officiers chargés de surveiller leur administration, qui implanteront peu à peu les germes de la civilisation dans leur esprit et dans leurs mœurs, comme ils ont déjà commencé à le faire par les améliorations introduites dans leur propre administration.

Mais, une chose qu'il ne faut pas oublier surtout, c'est que toute cette administration, malgré la pacification qui existe, repose entièrement sur la force. Or, cette force doit être plus menaçante qu'effective; cette force, il faut en donner plus la conscience aux Arabes qu'en faire usage pour les frapper.

Il faut, par conséquent, augmenter l'importance et l'action des bureaux arabes; il faut que là, surtout, l'autorité soit unitaire : il faut, par conséquent, qu'elle soit centralisée.

La concentration des affaires arabes à Alger, siége du gouvernement, dans les mains d'un directeur général militaire, n'ayant au-dessous de lui que des officiers, chefs des bureaux arabes de toutes les provinces, est indispensable.

On a détruit cette direction générale en 1848 pour y introduire l'élément civil, et en décentralisant l'administration, on lui a coupé la tête et on n'a trouvé que des bras agissant sans direction.

Aujourd'hui on sent la faute qu'on a commise. La confusion des attributions politiques, de pouvoirs administratifs, produit les plus déplorables résultats, tandis que le système contraire était bienfaisant et salutaire.

Qu'on se rappelle l'époque où la concentration des affaires arabes était établie à Alger, où l'action partait de ce point, auquel aboutissaient tous les rapports, tous les renseignements, toutes les nouvelles. Qu'on se souvienne des éminents services, des travaux, des études des officiers. L'un d'eux, que je me plais à citer ici avec toute l'Afrique, le général Daumas, a rempli cette tâche délicate et difficile avec une intelligence, un dévouement, un succès, qui lui ont valu la direction des affaires de l'Algérie, au ministère de la guerre, emploi dans lequel il rend des services dont on apprécie chaque jour l'importance.

En cela, du reste, comme je l'ai déjà dit, nous sommes d'accord avec le projet de loi, qui fait plus encore, et je ne saurais trop l'en approuver.

Il stipule, dans un article spécial, le sort des officiers des bureaux arabes, quant à leur avancement, qui avait été négligé jusqu'ici, et fait de cet emploi une véritable carrière, ce qui est très-intelligemment entendu; car, plus un de ces officiers a vieilli dans ces bureaux, plus il a acquis de connaissances et d'expérience de ces peuples, plus il est utile et précieux qu'il n'abandonne pas un poste auquel doivent seuls le rattacher des avantages égaux à ceux que lui vaudraient ses services dans son corps.

On comprend combien les bureaux arabes, ainsi établis, peuvent être utiles au gouvernement militaire, et combien ils peuvent contribuer à diminuer la force de l'occupation, chose que j'ai déjà posée comme nécessaire dans l'avenir, tant par économie pour le trésor que par mesure d'administration normale, en même temps que l'élément militaire fera place à l'élément civil.

Cette question, je l'ai déjà traitée bien des fois. C'est le cas d'y revenir encore.

Le rapporteur de la commission du budget de l'Algérie, à la Chambre, en 1847, faisant sans doute allusion à une brochure que je venais de publier, et dans laquelle l'occupation militaire de l'Afrique était traitée sous le double rapport de la stratégie et d'une notable diminution d'effectif, M. de Tocqueville disait : « *L'art de la guerre serait trop facile, s'il ne consistait que dans de pareils secrets.* »

Je m'incline devant une semblable autorité; mais non toutefois sans faire remarquer que, si la conquête d'un pays témoigne du courage et de la valeur militaires, la conservation de cette même conquête, avec des moyens inférieurs à ceux par lesquels elle a été entreprise, a bien aussi son mérite. L'art de la guerre paraît surtout devoir consister dans cette maxime : faire beaucoup avec peu de ressources, et c'est au génie qu'il appartient, le plus fréquemment, de l'appliquer.

Tout amour-propre mis de côté, je ne veux discuter la question qu'en ce qui concerne, d'une part, les avantages pour le trésor, de l'emploi d'un moins grand nombre de troupes, et de l'autre, la défense du pays. N'oublions pas cependant que, dans des conjonctures données et surtout dans celles où nous nous trouvons, cette défense peut nécessiter l'emploi de toutes nos forces.

En 1845, j'avais proposé une répartition de troupes que je ne reproduirai pas, puisqu'il est facile de s'y reporter, mais je dirai sommairement que, pour bien garder un pays, il faut se mettre au centre, quand la topographie de ce pays, ajoutée surtout à la facilité des subsistances, permet de le faire ; on rayonne alors par la ligne la plus courte sur les points menacés.

J'indiquais trois lignes stratégiques.

La première, la plus évidente, était formée par le littoral sur lequel se groupent les principaux magasins, les hôpitaux, les subsistances, les approvisionnements de toute espèce.

La deuxième, qui servait principalement à l'établissement de la cavalerie, comprenait toute cette vallée qui coupe, pour ainsi dire en deux, nos possessions d'Afrique, parallèlement à la mer, et formée par les plaines d'Eghris, de l'Hill-Hill, de la Mina et du Chélif jusqu'au Gontas.

La troisième enfin, composée des hauts plateaux, était occupée par de l'infanterie et de la cavalerie, car il ne faut pas perdre de vue que c'est cette dernière arme qui doit prédominer dans ce pays.

Tous ces postes devaient se relier entre eux par les grandes lignes télégraphiques établies et les postes intermédiaires au moyen des signaux usités à la guerre.

Tel était le plan que j'avais indiqué et qui avait pour résultat infaillible une réduction considérable dans l'effectif de notre armée d'Afrique.

Que ce mode d'occupation soit susceptible de quelques modifications par suite d'une pacification prolongée, je n'en disconviens pas ; mais qu'on se dise bien qu'elles ne doivent point aller jusqu'à produire un changement notable dans le système que je crois à la fois le plus propre à favoriser la défense du pays, ses intérêts, et à contribuer, par la protection qu'il leur accorde, à la création successive des centres de populations.

Tout en parlant de la diminution de l'effectif, il est loin de ma pensée de vouloir y arriver trop vite et en découvrant le pays, des forces nécessaires pour le maintien dans l'obéissance et la soumission. Je réclame, avant tout, la part du temps, mais il faut d'abord créer à l'intérieur des établissements pour notre cavalerie; c'est par elle surtout que l'on conservera toujours libres les communications et qu'on imposera au pays. L'infanterie ne peut pas aussi rapidement que la cavalerie résoudre ce problème.

Je sais que, depuis quelque temps, on a marché un peu dans la voie que j'avais tracée; que quelques diminutions ont été opérées dans notre effectif d'Afrique, mais plus il entre dans les vues du Gouvernement de parvenir à d'autres réductions profitables au trésor et sans danger pour l'occupation, plus il y a nécessité de songer à bien placer les troupes et à suppléer au nombre par la bonne disposition.

J'insiste sur la nécessité de transporter à l'intérieur la cavalerie que l'on caserne encore trop sur le littoral. Ce système a un double avantage: le premier, le plus facile à saisir, c'est la facilité des subsistances; le second, le plus important, c'est de placer au milieu des populations arabes une force rapide et soutenue qui peut se porter en peu d'instants sur tous les points menacés, par des marches d'une étendue moyenne, et qui tiennent les troupes plus fraîches, au lieu d'avoir à faire des expéditions prolongées avec de grandes distances à parcourir et de pénibles fatigues à essuyer.

Et à ce propos, en revenant aujourd'hui sur le rôle de la cavalerie en Afrique, il ne sera pas indifférent, je pense, de dire quelques mots de notre cavalerie indigène et du parti qu'on en peut tirer.

Dans une de mes précédentes brochures, et à une époque qui remontait encore au temps des expéditions, j'avais pensé qu'il pouvait être plus utile de transformer la cavalerie indigène en chasseurs d'Afrique, comme devant être moins coûteuse, entièrement dans nos mains et présenter par conséquent plus de fidélité au drapeau.

Depuis j'ai visité et inspecté l'Afrique, et, d'après ce qui est arrivé et ce que j'ai vu, mon opinion s'est modifiée sur ce point.

La cavalerie indigène s'est pliée à nous, elle a pris nos habitudes, notre tactique, notre discipline, et les services spéciaux qu'on obtient d'elle en ont fait pour ainsi dire la gendarmerie du pays. C'est cette cavalerie indigène qui aide à la rentrée des impôts, et qui sert d'intermédiaire indispensable dans les dissentiments qu'on voit s'élever soit entre les Arabes, soit entre ceux-ci et les Européens.

C'est une police permanente à cet égard qui vient en aide à celle des bureaux arabes, au sein des tribus auxquelles ces cavaliers appartien-- nent, au milieu desquelles ils vivent en quelque sorte.

Ce sont eux qui, dans tous les temps, dans tous les lieux, sans escorte, sans aucun aide, par cela seul qu'ils parlent la langue du pays, et qu'ils sont revêtus du burnous, parcourent les plus grandes distances, et maintiennent la correspondance d'un bout à l'autre de l'Algérie.

On les a vus souvent combattre à nos côtés dans les plus grandes insurrections, et tel cavalier indigène a passé seul dans des endroits où vingt cavaliers français n'auraient pas entrepris de pénétrer.

Ces améliorations sont dues au commandement énergique des officiers français, et principalement à l'impulsion aussi vigoureuse qu'intelligente du général Yusuf. Cet officier général, usant habilement de sa double connaissance des mœurs arabes et françaises, a su admirablement diriger la cavalerie indigène, la former et la rendre ce qu'elle est. On n'a peut-être pas assez apprécié les nombreux services qu'il a rendus, et il est à regretter que l'Etat, par scrupule pour son origine étrangère, n'ait pas cru devoir confirmer ce grade gagné sur le champ de bataille par un homme qui est Français par le cœur autant que par son dévouement à notre drapeau.

Ce serait se refuser à l'évidence que de ne pas reconnaître que la cavalerie indigène constitue aujourd'hui un des éléments de force militaire les plus utiles en Algérie. Aussi serait-il peut-être sage d'en augmenter le nombre et de la répartir davantage dans le pays, où elle pourrait rendre encore de grands services en servant d'un côté comme une espèce de margzen, de l'autre comme une véritable gendarmerie.

Un dernier mot pour compléter mon système d'occupation, tendant à la diminution des forces militaires.

Il faudrait éviter à l'avenir ces expéditions lointaines dans le Sud, qui sont sans profit pour nous; il faudrait même s'en abstenir tout à fait. Il n'en reste ordinairement que du sang répandu et des bulletins.

Témoin la dernière, celle de Zaatcha, où nos troupes firent des prodiges de valeur, mais dont le succès nous a coûté si cher : expédition malencontreuse et intempestive, car il a tenu à peu de chose que les suites n'en fussent désastreuses.

J'insiste sur ce point, parce que j'étais dans la province de Constantine à cette époque, huit jours avant le mouvement des troupes, parce que j'ai pu tout apprécier par moi-même, et que, vis-à-vis de quelques généraux qui avaient mandat d'en connaître, j'ai exprimé mes doutes sur cette expédition dont les sacrifices et les dangers que notre occupation avait à courir ne se trouvaient pas en rapport avec les avantages à en retirer.

Les tribus du Sud nous sont soumises par le fait de la suzeraineté que nous exerçons sur elles.

Elles sont nos tributaires par les céréales qu'elles ne peuvent cultiver sur leur sol, et dont elles viennent s'approvisionner chez nous. De là des échanges, du commerce, qui établissent de notre côté une espèce de domination plus que suffisante pour que nous n'ambitionnions pas la conquête de ces peuples, qui ne nous présenteraient pas un grand avantage.

Il n'est qu'une conquête raisonnable à laquelle nous puissions songer quand le moment sera venu, c'est celle de la Kabylie.

Sa situation semble commander cette conquête dans un délai plus ou moins rapproché.

En effet, enclavées dans nos possessions d'Afrique, ces contrées occupent tout le littoral de Gigelli à Philippeville. Il serait digne de la politique et de la civilisation de la France de rendre cette côte hospitalière, depuis le Maroc jusqu'à Tunis, en assimilant au reste de l'Algérie française les tribus de ces régions montagneuses.

L'effet moral serait immense pour le reste de l'Algérie et pour les peuples environnants ; tout serait soumis et enclavé sous la main de l'autorité française ; le trésor en retirerait des avantages, la prospérité publique s'en accroîtrait par le développement du commerce, dans un pays aussi industrieux ; enfin, le cabotage, étendu sur toute cette côte, pourrait fournir à notre marine marchande, et même militaire, une pépinière de bons marins.

Cette conquête, nous l'avons commencée du

jour où le commerce s'est établi entre les Kabyles et nous.

Bien combinée, l'expédition n'exigerait pas de grands sacrifices. Ce ne sont plus des peuples nomades auxquels nous aurions à faire : ce sont des tribus qui ont leurs gîtes, leurs maisons, leurs terres, leurs villages, qui travaillent, qui possèdent ; outre une plus grande facilité de combiner l'expédition d'une manière certaine, ces peuples n'opposeraient que la résistance du devoir et non celle de la conviction du succès.

Toutefois, je ne parle ici de cette expédition que pour l'avenir, et je n'y assigne pas de terme ; j'appelle seulement, sur ce point, l'attention sérieuse du Gouvernement, quand il jugera le moment opportun et s'y sera suffisamment préparé.

En résumant tout ce que je viens d'écrire, je dois rendre hommage au projet de loi du comité consultatif, projet le plus intelligent, le plus salutaire, le mieux entendu qu'on ait élaboré jusqu'ici.

La possibilité du défrichement des terres que j'ai indiquée lui donne plus de force et de facilité pour son exécution ; le gouvernement militaire, dont je crois avoir prouvé la nécessité pour longtemps encore, assure la tranquille possession du pays, la prospérité de la colonisation et la civilisation des Arabes, pour parvenir enfin à l'assimilation.

C'est tout ce qu'exige maintenant la situation de l'Algérie.

1612.